GIMNASIO PARA DEDOS EN LA GUITARRA

Desarrolla resistencia, coordinación destreza y velocidad en la guitarra

SIMON **PRATT**

FUNDAMENTAL**CHANGES**

Gimnasio para dedos en la guitarra

Desarrolla resistencia, coordinación, destreza y velocidad en la guitarra

ISBN: 978-1-911267-59-1

Publicado por **www.fundamental-changes.com**

www.fundamental-changes.com

Twitter: **@guitar_joseph**

Más de 10.000 seguidores en Facebook: **FundamentalChangesInGuitar**

Instagram: **FundamentalChanges**

Para obtener más de 350 lecciones de guitarra gratuitas con video visita:

www.fundamental-changes.com

Contents

Introducción

La gente va al gimnasio para mejorar la condición física, aumentar la resistencia y mejorar el rendimiento en general. En este libro irás al gimnasio para guitarra para entrenar tus dedos, donde alcanzarás nuevos niveles de destreza, resistencia y coordinación.

Los ejercicios presentados en este libro se adaptan bien a la guitarra eléctrica y a la acústica. Tanto si eres un intérprete principiante, intermedio, o avanzado, todos pueden beneficiarse de los ejemplos ofrecidos en este libro. A pesar de que no hay una manera fácil de refinar tu técnica, los ejemplos dados aquí proporcionarán atajos y producirán resultados enormes en tu interpretación de la guitarra.

Los ejercicios que he ofrecido son adaptables, así que tienes la libertad de cambiar cualquiera de las estrategias y técnicas para adaptarlas a tus requerimientos específicos. A los principiantes les recomiendo comenzar en el primer capítulo y trabajar todo el libro de principio a fin. Los intérpretes más avanzados pueden elegir ejercicios específicos y técnicas que se centran en las áreas con las que tienen dificultades y dedicar su tiempo de práctica a dominar esos ejemplos.

Los ejemplos presentados a lo largo de este libro se muestran de manera lógica y pueden ser trabajados como una larga serie de ejercicios o como ideas individuales. Es mucho mejor ejercitarse durante unos pocos minutos cada día, en lugar de hacerlo por treinta minutos una vez a la semana.

Al final del libro, doy ejemplos de entrenamientos para el gimnasio para dedos en la guitarra. Estos entrenamientos se dividen en sesiones de 10 minutos, 15 minutos, 30 minutos y 60 minutos, que te ayudarán a crear una rutina de práctica balanceada que combina todos los elementos de cada capítulo.

La mayoría del libro contiene ejemplos cortos que desarrollan áreas específicas de tu interpretación de la guitarra, pero el capítulo final incluye una pista que escribí llamada El entrenador diestro. Cada entrenamiento terminará tocando esta pista, de forma que siempre termines tu rutina de práctica con una pieza musical completa.

El audio de este libro está disponible en **http://www.fundamental-changes.com/download-audio** para que puedas oír cómo toco y *fraseo* cada ejemplo. Las pistas de acompañamiento proporcionan una plataforma perfecta para que puedas explorar los licks y las técnicas.

Todos los ejemplos de este libro mejorarán tu técnica de guitarra, pero recuerda que el principio más elemental es siempre disfrutar y divertirte tocando música.

¡Feliz práctica!

Simon

Obtén el audio

Los archivos de audio de este libro se pueden descargar de forma gratuita en **www.fundamental-changes.com** y el enlace se encuentra en la esquina superior derecha del sitio. Sólo tienes que seleccionar el título de este libro en el menú desplegable y seguir las instrucciones para obtener el audio.

Te recomendamos descargar los archivos directamente a tu computador, no a tu tableta, y extraerlos allí antes de añadirlos a tu biblioteca multimedia. Luego, ya puedes ponerlos en tu tableta, iPod o grabarlos en un CD. En la página de descarga hay un archivo de ayuda en PDF y también ofrecemos soporte técnico a través del formulario de contacto.

Kindle/eReaders

Para sacarle el mayor provecho a este libro, recuerda que puedes pulsar dos veces cualquier imagen para verla más grande. Apaga la "visualización en columnas" y mantén tu Kindle en modo horizontal.

Más de 10.000 seguidores en Facebook: FundamentalChangesInGuitar

Instagram: FundamentalChanges

Para obtener más de 350 lecciones de guitarra gratuitas con video visita:

www.fundamental-changes.com

Capítulo 1 – Destreza y coordinación

Durante mi carrera como intérprete he notado que ciertos días puedo tocar al máximo de mi capacidad bastante pronto, pero otros días requiero mucho más tiempo de lo previsto para sentirme cómodo y creativo. Los días en que toco mejor son aquellos en los que he hecho un calentamiento adecuado en todas las áreas de mi interpretación.

Este capítulo se centra en cómo mejorar la destreza y la coordinación, y te servirá como un calentamiento muy rápido para tus dedos.

Considera estos puntos clave al aprender los siguientes ejemplos.

1) Asegúrate de que hay *espacio* entre los dedos de tu mano del diapasón. Al aprender a tocar estos ejemplos con espacio entre los dedos, desarrollarás fuerza en los tendones y los músculos correctos de la mano.

2) Mantén los nudillos en posición vertical en todo momento.

3) Trata de mantener siempre cada dedo en un traste designado (un dedo por traste).

4) Busca el mínimo movimiento tanto en la mano del diapasón como en la que puntea.

5) Detente si sientes dolor. Cuando se trata de tocar la guitarra, el refrán "sin dolor no hay ganancia" no aplica. Estira bien antes de tocar los ejemplos de este capítulo y detente si sientes alguna tensión.

Un dedo por traste

Sigue la regla de un dedo por traste al aprender estos ejemplos a menos que se indique lo contrario. La idea detrás de esta regla es asignar un dedo a cada traste que toques. Por ejemplo, si tocas notas entre los trastes 1ro y 4to, utiliza el primer dedo para las notas del primer traste, el segundo dedo para las notas del segundo traste, etc. Esto se puede ver en el siguiente diagrama:

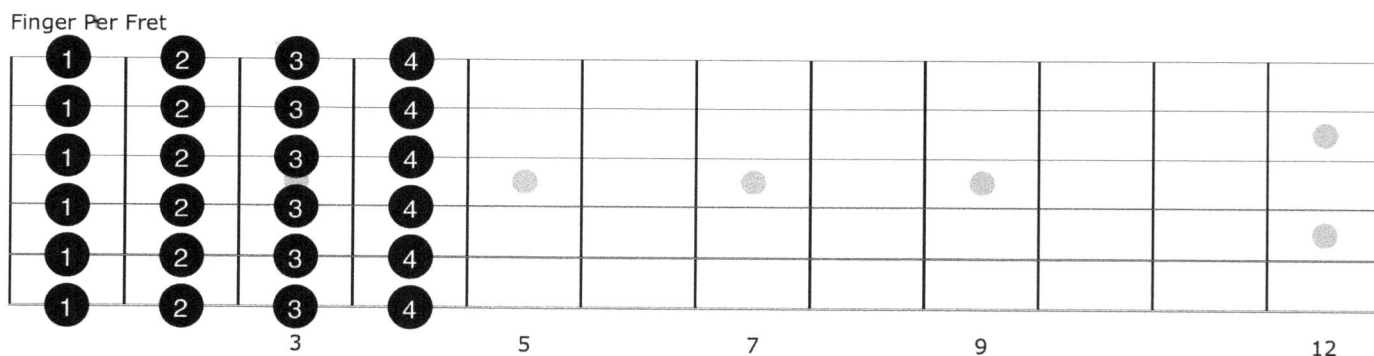

Utiliza un metrónomo

Cuando estés desarrollando tu técnica usando estos ejemplos del gimnasio para dedos, intenta utilizar siempre un metrónomo.

Comienza tocando cada ejemplo muy lentamente con el metrónomo a 50bpm, y asegúrate de que cada nota suene limpia y audible. Fíjate en tu mano que puntea y observa si estás aplicando un patrón de punteo "abajo, arriba" estricto.

Cuando puedas tocar un ejemplo perfectamente tres veces seguidas a 50bpm, intenta aumentar la velocidad del metrónomo a 53bpm. Continúa aumentando la velocidad del metrónomo en incrementos de 3 bpm hasta llegar a la velocidad objetivo de más de 80bpm.

Esta forma de práctica estructurada significa que sólo aumentarás tu velocidad cuando toques el lick con precisión.

Yo uso la aplicación Tempo (hecha por Frozen Ape) en mi teléfono. Como sé que siempre tendré mi teléfono conmigo, nunca tengo una excusa para no tener metrónomo.

El primer ejemplo es un calentamiento común en la guitarra. Comienza a 50bpm y asegúrate de que cada golpe del plectro sea limpio y esté perfectamente a tiempo (deben haber cuatro notas por clic). Utiliza el punteo alternante (abajo arriba abajo arriba) en todo el ejemplo.

Ejemplo 1a

El ejemplo 1b es lo inverso del ejemplo 1a. Empezar con el cuarto dedo puede sentirse un poco más complicado que comenzar con el primer dedo, pero con el entrenamiento constante, todos tus dedos se sentirán igual de diestros.

Ejemplo 1b

El ejemplo 1c es el patrón que a menudo toco de primero para calentar cuando tomo la guitarra. Este utiliza el patrón ascendente visto en el ejemplo 1a y desciende con el ejemplo 1b, pero tocado un traste más arriba. Si sólo tienes tiempo para un ejemplo de este capítulo, recomiendo que sea este.

Ejemplo 1c

Yo comencé a dedicar tiempo para trabajar en mi coordinación y destreza después de ver videos de calentamiento de Joe Satriani. El ejemplo 1d es un patrón que él utiliza a menudo cuando se prepara para una sesión o para tocar en vivo.

Ejemplo 1d – Calentamiento al estilo Satriani #1

El ejemplo 1e es lo inverso del patrón del ejemplo 1d. Nuevamente, comienza despacio con un metrónomo y aumenta la velocidad solo cuando puedas tocar el patrón correctamente tres veces seguidas.

Ejemplo 1e – Calentamiento al estilo Satriani #2

En el ejemplo 1f, se combina el patrón del ejemplo 1d con el patrón de 1e. Es muy bueno para desarrollar destreza y coordinación.

Ejemplo 1f –Combinación al estilo Satriani #1

Si revertimos el ejemplo 1f, se genera otro calentamiento de destreza desafiante al estilo Satriani.

Ejemplo 1g – Combinación al estilo Satriani #2

El ejemplo 1h utiliza el primer dedo como una nota de pedal. El objetivo es mantener cada nota tan uniforme y limpia como sea posible. Si quieres un desafío mayor, intenta usar hammer-ons (ligados ascendentes) y pull-offs (ligados descendentes).

Ejemplo 1h – Nota de pedal

Esta es una adaptación del ejercicio original "1234" del ejemplo 1a. En este ejemplo, debes estirar tu cuarto dedo para tocar en el 5to traste en cada cuerda. No practiques demasiado este ejercicio, especialmente si no estás acostumbrado a este tipo de estiramiento.

Ejemplo 1i –Estiramiento 1234

En lugar de tocar en los trastes "1234" secuencialmente, el ejemplo 1j introduce un salto de cuerda entre cada nota.

Ejemplo 1j – A través de cuerdas con 1234

El ejemplo 1k le añade interés a tus calentamientos de destreza usando saltos de cuerdas más amplios. Sigue usando el método de un dedo por traste.

Ejemplo 1k – Salto de cuerdas

Agilidad de los dedos

Normalmente, los dedos tercero y cuarto requieren más desarrollo que los dedos primero y segundo. Los dos siguientes ejercicios te ayudarán a lograr la independencia entre los dedos tres y cuatro. En el ejemplo 1l, mantén presionado el 1er y el 2do traste con tu primer y segundo dedo pero no toques las notas. Luego, usando sólo el tercer dedo, completa el segundo compás sin mover los dedos primero y segundo.

Ejemplo 1l – Agilidad en el tercer dedo

El ejemplo 1m continúa el trabajo del ejemplo 1l, pero trabaja en la independencia del cuarto dedo. Mantén presionados los trastes 1, 2 y 3 con los dedos primero, segundo y tercero, pero no toques las notas. Luego, toca el segundo compás utilizando sólo tu cuarto dedo, con el objetivo de no mover los tres primeros dedos.

Ejemplo 1m – Agilidad en el cuarto dedo

Conclusión sobre destreza

En este capítulo, te mostré una amplia gama de ejercicios que mejorarán la destreza en todos tus dedos. Desde los ejercicios de independencia de dedos hasta los de estiramiento, este capítulo constituye la base de todos los ejercicios siguientes. Piensa que la destreza desarrolla los músculos principales del cuerpo en tus entrenamientos del gimnasio para dedos en la guitarra.

Los ejemplos mostrados en este capítulo pueden ser desafiantes y es importante no forzar demasiado las manos. Si sientes algún dolor después de tocar los ejemplos, para y toma un descanso antes de volver a los ejercicios. Tomar descansos regulares e incluso descansar algunos días ayuda a prevenir lesiones.

La mayoría de los intérpretes no tienen problemas al trabajar en los ejemplos de este capítulo, pero asegúrate de hacer estiramientos completos y de no trabajar en exceso.

Yo utilizo el método de Egoscue diariamente como una forma de estiramiento suave. Esto me ha ayudado a mantener mis manos, brazos y hombros flexibles a pesar de las interminables horas de tocar la guitarra.

Capítulo 2 – Fuerza y control

La fuerza y el control a menudo se pasan por alto al mejorar la técnica. Aprender a desarrollar estas dos cualidades te ayudará a tocar al máximo de tu rendimiento por períodos de tiempo más largos.

En el capítulo anterior, usamos punteo alternante (abajo arriba) en todos los ejemplos. En este capítulo usaremos hammer-ons y pull-offs para desarrollar el control con diferentes combinaciones de dedos. Al igual que antes, utiliza la regla de un dedo por traste (a menos que se indique lo contrario) y un metrónomo al practicar.

Una cuestión importante al tocar legato (usando hammer-ons y pull-offs) es *mantener todas las notas con el mismo volumen*. Esto significa que la nota punteada y las notas de legato que siguen, deben tener una dinámica muy similar. Intenta grabarte tocando los siguientes ejemplos y presta atención a qué tan suave que es la transición entre las notas punteadas y las de legato.

Este capítulo se divide en hammer-ons y pull-offs para ayudarte a enfocarte en el desarrollo de la fuerza y la resistencia necesarias para completar cada ejemplo por un largo período de tiempo.

Hammer-ons

Para ejecutar un hammer-on, toca una nota y luego rápidamente "martilla" un dedo diferente sobre un traste más alto. El resultado son dos notas con un solo golpe del plectro.

Comienza despacio y usa las rutinas de práctica del final del libro para ayudarte a organizar el material de este capítulo.

El ejemplo 2a utiliza los dedos primero y segundo para tocar en los trastes 1ro y 2do, y utiliza hammer-on entre las notas.

Ejemplo 2a

En este ejemplo realizamos hammer-on del 1er al 3er traste con los dedos primero y tercero.

Ejemplo 2b

El siguiente ejercicio de resistencia muestra un hammer-on del 1er al 4to traste y utiliza los dedos primero y cuarto.

Ejemplo 2c

En los ejemplos 2a a 2c usamos el primer dedo para iniciar cada hammer-on. Los siguientes ejemplos usan el segundo dedo y desarrollarán la fuerza y el control en diferentes grupos de dedos. El ejemplo 2d utiliza los dedos segundo y tercero para hacer un hammer-on del segundo al tercer traste.

Ejemplo 2d

En el siguiente ejemplo, haz un hammer-on desde el 2do traste hasta el 4to traste en cada cuerda. Utiliza tus dedos segundo y cuarto.

Ejemplo 2e

Ahora pasamos a desarrollar la fuerza y la resistencia usando los dedos tercero y cuarto. El ejemplo 2f puede requerir de más trabajo que los ejemplos anteriores, pero debes comenzar lentamente alrededor de 50bpm y aumentar la velocidad solo cuando te sientas cómodo.

Ejemplo 2f

En el ejemplo 2g creé un calentamiento con hammer-ons para cada dedo. Los dedos primero y segundo probablemente se sentirán más fuertes aquí, y quizás descubras que tus dedos tercero y cuarto requieren de más práctica para conseguir que los hammer-ons suenen limpios. Utiliza el punteo hacia abajo antes de todos los hammer-ons en cada cuerda.

Ejemplo 2g

Pull-Offs

Ya aprendimos algunos patrones de hammer-on útiles para desarrollar fuerza y control, y ahora es tiempo de aprender lo contrario y desarrollar la fuerza en los pull-offs en todos los dedos. Un pull-off es lo contrario de un hammer-on. Comienza punteando una nota pulsada y luego retira tu dedo de la cuerda (hacia abajo hacia el suelo) para hacer sonar una nota pulsada por debajo de la primera.

En el ejemplo 2h vas a hacer el pull-off desde el 2do traste al 1er traste en cada cuerda. Asegúrate de comenzar en cada cuerda pulsando el segundo traste con tu segundo dedo antes de hacer el pull-off desde esa nota hasta el primer traste en tu primer dedo.

Ejemplo 2h

En el siguiente ejemplo, haz el pull-off desde el 3er traste hasta el 1er traste usando tus dedos tercero y primero.

Ejemplo 2i

El siguiente ejercicio consiste en realizar el pull-off desde el 4to traste al 1er traste. Puntea el 4to traste mientras tu cuarto dedo pulsa esa nota y haz el pull-off al 1er traste en tu primer dedo.

Ejemplo 2j

Repite cada ejemplo de este capítulo con un metrónomo y un temporizador para ganar confianza al tocar por períodos más largos de tiempo.

Utiliza un temporizador simple, como un cronómetro, para medir el tiempo de tu práctica. Anota por cuánto tiempo puedes tocar cada ejercicio cada día e intenta batir ese tiempo en tu siguiente práctica.

En el ejemplo 2k, usa tus dedos tercero y segundo para hacer el pull-off entre el 3er y el 2do traste.

Ejemplo 2k

El siguiente ejercicio de resistencia hace el pull-off del 4to traste al 2do traste y utiliza los dedos cuarto y segundo.

Ejemplo 2l

El último ejemplo individual de pull-offs utiliza los dedos cuarto y tercero para pasar del 4to traste al 3er traste.

Ejemplo 2m

Ejemplo 2n

El ejemplo 2n es lo inverso del ejemplo 2g. Esta vez, usamos pull-offs en cada cuerda en lugar de hammer-ons.

Combinación de hammer-ons y pull-offs

Cuando haz trabajado con hammer-ons y pull-offs como ejercicios separados, puedes construir patrones que utilicen una combinación de los dos. Los siguientes tres ejemplos muestran algunos elementos clásicos de fortalecimiento que te ayudarán a tocar por períodos más largos de tiempo y trabajarán en tu control del legato.

El ejemplo 2o combina un pull-off del 2do al 1er traste con un hammer-on al 3er traste. Como con todos los ejemplos de este libro, utiliza el patrón de un dedo por traste para completar cada ejercicio.

Ejemplo 2o

La siguiente idea utiliza un grupo de notas "214", nuevamente combinando un pull-off con un hammer-on.

Ejemplo 2p

Para los ejercicios finales de desarrollo del control, usa un grupo de notas "324". Crea tus propios ejercicios de resistencia basados en legato usando estos ejemplos como referencia.

Ejemplo 2q

Conclusión sobre la resistencia

El desarrollo de la fuerza y el control es un proceso continuo. Poco a poco podrás tocar por más tiempo sin cansarte. Aunque cada ejemplo de este capítulo tiene sólo unos pocos compases de largo, la idea es repetirlos sin detenerte por el mayor tiempo posible.

Escoge un ejemplo de este capítulo y utiliza un cronómetro para ver cuánto tiempo puedes tocar de forma consistente sin cansarse. Lleva un registro en un diario de guitarra indicando por cuánto tiempo fuiste capaz de tocar, y cada día trata de superar el tiempo anterior.

Al igual que con todos los capítulos de este libro, no te esfuerces en exceso. En lugar de seguir adelante a pesar de cualquier dolor o cansancio, toma descansos regulares, estira y relájate entre todos los ejemplos.

Capítulo 3 – Resistencia y aguante

Pista de acompañamiento 1 – A mayor

Ahora que haz trabajado en tu destreza y tu resistencia, es hora de poner a prueba tu aguante. Esta es una parte de la técnica de guitarra que a menudo se pasa por alto, pero comenzará a permitirte tocar a tu nivel máximo por períodos más largos de tiempo. Eso significará que cuando estés tocando en vivo, o simplemente practicando con una pista de acompañamiento, no se te acabará la batería. Hice la pista de acompañamiento en A mayor de cinco minutos de largo a propósito. Trata de tocar durante toda la pista de forma continua sin parar cuando trabajes en un ejemplo de este capítulo.

Como con cualquier ejercicio mostrado en este libro, ten cuidado con cualquier dolor o malestar, y toma pausas regulares cuando sea necesario. Desarrollar el aguante es algo que se produce gradualmente, ¡pero te permite tocar durante largos períodos sin sentirte cansado o adolorido!

En los siguientes ejemplos usaremos la escala de A mayor en posición 1, pero también deberías intentar los ejercicios con otras escalas que conozcas. A medida que aprendes nuevas formas de escala, te recomiendo que vuelvas a revisar este capítulo para desarrollar la resistencia con ellas. En el apéndice incluí algunas formas de escala comunes en formato de diagrama completo del diapasón.

Para más detalles sobre las escalas, echa un vistazo al libro **Escalas de guitarra en contexto** de Joseph Alexander.

A Major Scale Position 1
(E Shape)

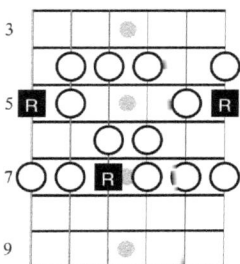

El ejemplo 3a muestra un concepto simple pero altamente efectivo para el desarrollo de la resistencia. En este ejemplo, toca la escala de A mayor continuamente hasta que te sientas demasiado cansado para continuar. Usa un cronómetro y anota cuánto tiempo duraste, y la próxima vez que practiques intenta superar ese tiempo.

Ejemplo 3a – Escala de A mayor continua

El uso de secuencias de escala puede ayudarte a desarrollar resistencia y a desglosar formas de escala largas en fragmentos más manejables. El ejemplo 3b utiliza notas de la escala de A mayor en las cuerdas D y G, y las repite de forma cíclica. Usa punteo alternante en este patrón, o si quieres un desafío mayor, puedes agregar hammer-ons y pull-offs para crear fraseo con legato.

Ejemplo 3b – Repetición de A mayor – patrón 1

El ejemplo 3c crea un patrón similar al del ejemplo 3b, pero utiliza exclusivamente las cuerdas G y B.

Ejemplo 3c – Repetición de A mayor – patrón 2

El siguiente ejemplo utiliza un patrón de escala de A mayor en las cuerdas B y E. Repite en bucle cada secuencia con un metrónomo hasta que tus manos se empiecen a sentir un poco cansadas.

Ejemplo 3d - Repetición de A mayor – patrón 3

El ejemplo 3e utiliza un patrón descendente de la escala de A mayor en las cuerdas A y D.

Ejemplo 3e - Repetición de A mayor – patrón 4

En el siguiente ejemplo, utiliza un patrón descendente de la escala de A mayor en las cuerdas D y G. Para un desafío adicional, incluye hammer-ons y pull-offs.

Ejemplo 3f - Repetición de A mayor – patrón 5

El ejemplo 3g usa el mismo patrón visto en los ejemplos anteriores, pero en las cuerdas B y E.

Ejemplo 3g - Repetición de A mayor – patrón 6

El ejemplo 3h combina múltiples formas de la escala de A mayor y utiliza deslizamientos para conectar las notas. A continuación se muestra el diagrama del diapasón de la escala de A mayor.

Ejemplo 3h – Escalas continuas con deslizamientos

A Major Scale

Construcción de mini licks

Los ejemplos 3i a 3n funcionan tanto como ejercicios de resistencia como mini licks en la tonalidad de A mayor. Reproduce la pista de acompañamiento 1 y toca en bucle cada ejemplo por el tiempo que puedas hasta que tus manos empiecen a cansarse. Anota cuánto tiempo duraste, y extiende gradualmente tu duración total de cada día.

El ejemplo 3i usa un patrón repetitivo de hammer-ons en las cuerdas B y E.

Ejemplo 3i

El ejemplo 3j usa pull-offs en las cuerdas B y E. Es posible que te canses más rápido utilizando pull-offs que hammer-ons. Esto es natural al principio, pero con la práctica regular, todos los patrones de legato que hagas se sentirán igualmente cómodos.

Ejemplo 3j

El ejemplo 3k introduce un patrón de hammer-on con un estiramiento más amplio. Usa tu cuarto dedo para tocar el 9no traste en la cuerda E.

Ejemplo 3k

El siguiente ejemplo invierte la idea anterior para crear un patrón de pull-off más desafiante. Como siempre, comienza extremadamente lento alrededor de 50/60bpm y asegúrate de poder tocar cada ejemplo tres veces correctamente con un metrónomo antes de aumentar el tempo.

Ejemplo 3l

El ejemplo 3m muestra una secuencia de hammer-on de dos compases que utiliza múltiples posiciones de la escala de A mayor en las dos cuerdas superiores. La pista de acompañamiento 1 funciona de maravilla como acompañamiento para estos ejemplos.

Ejemplo 3m

Este ejemplo usa un patrón de pull-off para descender por la escala de A mayor en las cuerdas B y E.

Ejemplo 3n

Ráfagas de velocidad

Una forma de aumentar tu resistencia en la guitarra es introduciendo ráfagas repentinas de velocidad en tu sistema de práctica. Los dos siguientes ejemplos utilizan negras y semicorcheas para mostrar cómo aplicar una inyección de velocidad en tu entrenamiento.

Cuantas más ráfagas de velocidad agregues a tus ejercicios de gimnasia para dedos, podrás tocar por más tiempo a velocidades más rápidas y será más fácil tocar en tempos más lentos.

El ejemplo 3o usa tres negras seguidas de cuatro semicorcheas que abarcan toda la escala de A mayor tanto ascendente como descendente. Asegúrate de elegir un tempo en el que puedas tocar cómodamente las semicorcheas.

Ejemplo 3o

El ejemplo 3p añade la ráfaga de velocidad al principio de cada patrón y no al final. Esta vez cuatro semicorcheas preceden a tres negras. Para practicar más, intenta colocar las semicorcheas en diferentes posiciones en el compás.

Ejemplo 3p

Conclusión sobre la resistencia

El desarrollo de una técnica sólida debe incluir siempre ejercicios de resistencia. Estos asegurarán que puedas tocar por períodos más largos en tu nivel más alto sin que te quedes sin energía. La adición de práctica en "ráfagas" significará que podrás tocar licks más rápidos; ¡algo que la mayoría de guitarristas anhela!

Registra tu avance en un diario de guitarra. Anota la fecha, la hora, la duración, la velocidad del metrónomo y los ejemplos tocados. Establece una meta de practicar la técnica regularmente entre 5 - 10 minutos al día, en lugar de un bloque de 30 minutos una vez por semana.

Capítulo 4 – Secuencias de escalas

Este capítulo se centra en cómo combinar destreza, fuerza y resistencia mediante la construcción de secuencias de escala. Yo llamo a estos ejercicios "los generadores definitivos de licks".

Los ejemplos siguientes utilizan la escala de A mayor, pero también deberías aplicar estas ideas a otras tonalidades. Como alternativa al uso de un metrónomo, intenta tocar estas secuencias melódicas con la pista de acompañamiento 1.

A Major Scale Position 1
(E Shape)

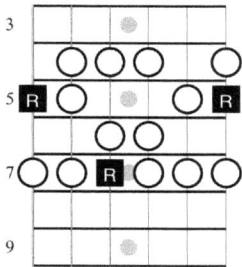

Una forma efectiva de practicar escalas es combinando grupos de notas en patrones de tres o cuatro.

Ejemplo 4a – Grupos ascendentes de tres notas

Ejemplo 4b – Grupos descendentes de tres notas

Ejemplo 4c – Grupos ascendentes de cuatro notas

Ejemplo 4d – Grupos descendentes de cuatro notas

Para añadir saltos melódicos a nuestras melodías podemos usar saltos de intervalo. Mediante el uso de intervalos más amplios en los solos, podemos crear ideas emocionantes que rompen con las escalas lineales predecibles.

En el ejemplo 4e, partimos la escala mayor en intervalos de una *tercera*.

Ejemplo 4e –3ras

En el ejemplo 4e, la escala de A mayor se divide en intervalos de una *cuarta*.

Ejemplo 4f – 4tas

El siguiente ejemplo usa el intervalo de una *quinta*.

Ejemplo 4g – 5tas

En el ejemplo 4h, la escala de A mayor se toca en *sextas*.

Ejemplo 4h – 6tas

El ejemplo 4i divide la escala de A mayor utilizando el intervalo de una *séptima*.

Ejemplo 4i – 7mas

El último salto de intervalo, utiliza la escala de A mayor en *octavas*.

Ejemplo 4j – Octavas

Otra forma de añadirle interés a tus licks es omitiendo cuerdas al tocar formas de escala. En los dos ejemplos siguientes puedes ver cómo crear saltos melódicos amplios al introducir saltos de cuerda.

Ejemplo 4k – Salto de cuerdas ascendente

Ejemplo 4l – Salto de cuerdas descendente

Una forma interesante de practicar secuencias de escala es combinando varios tipos de escala en un ejercicio. En el ejemplo 4m combino la escala de C mayor pentatónica con la escala de C mayor en una idea de dos compases. La pista de acompañamiento 2, en C mayor, funcionará bien con este ejemplo.

Ejemplo 4m – Escala mayor pentatónica / mayor

El ejemplo 4n enlaza la escala de C menor pentatónica y la escala de blues en C. Este ejemplo funciona bien con la pista de acompañamiento 3, en C menor.

Ejemplo 4n – Escala menor pentatónica / blues

C Minor Pentatonic
(A Shape)

C Blues
(A Shape)

C Minor Pentatonic

C Blues

El ejemplo 4o combina la escala de blues en C y la escala de C mixolidia en una secuencia útil. La pista de acompañamiento 4 está en la tonalidad de C7 y funciona bien con este ejemplo.

Ejemplo 4o – Escala de blues / mixolidia

C Blues
(A Shape)

C Mixolydian
(A Shape)

C Blues

C Mixolydian

Consulta el apéndice al final del libro para ver diagramas de diapasón completo con las formas de escala comunes.

Para ver más patrones de escalas échale un vistazo al libro **Fluidez en el diapasón, de Joseph Alexander.**

Capítulo 5 – Arpegios y acordes

Otra forma útil para entrenar los dedos es usando arpegios y cambios complejos de acordes de cuatro dedos. En este capítulo voy a mostrarte cómo construir patrones y secuencias alrededor de arpegios y formas de acordes para aumentar tu destreza en un contexto altamente musical.

Arpegios

"Si tienes duda o preocupación al tocar, siempre tu arpegio debes sacar". El profesor del Instituto de Guitarra, Max Milligan me dio este increíble consejo y nunca lo olvidaré. En este capítulo, aprenderás a construir patrones y secuencias usando los arpegios de A mayor 7ma (AMaj7), A menor 7ma (Am7) y A de 7ma dominante (A7). Para ver más formas de arpegio, consulta el apéndice al final del libro.

Los primeros ejemplos utilizan esta forma de arpegio de AMaj7:

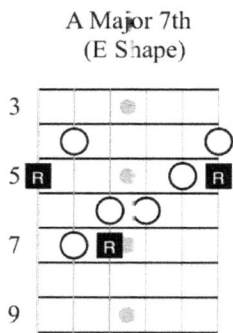

A Major 7th
(E Shape)

El ejemplo 5a asciende y desciende el arpegio AMaj7 en la forma E. Asegúrate de aplicar punteo alternante estricto (abajo, arriba) y usa el sistema de un dedo por traste en todos los ejemplos siguientes.

Ejemplo 5a – Arpegio AMaj7

El ejemplo 5b desciende a través de la forma de arpegio AMaj7 antes de ascender de nuevo desde la fundamental A grave.

Ejemplo 5b – Arpegio AMaj7 invertido

En lugar de tocar secuencialmente la forma de arpegio AMaj7, el ejemplo 5c crea un patrón que omite una nota. Asegúrate de intentar todos los arpegios de AMaj7 sobre la pista de acompañamiento 1.

Ejemplo 5c – Omitir una nota en AMaj7

Otra forma de añadirle interés a tus arpegios es agregando saltos de cuerda. Los ejemplos 5d y 5e suenan más musicales y emocionantes que si tocaras el arpegio nota por nota.

Ejemplo 5d – Salto de cuerda en AMaj7 ascendente

Ejemplo 5e – Salto de cuerda en AMaj7 descendente

Ahora que ya has dominado el arpegio AMaj7 y las variaciones útiles, es hora de aprender la forma de arpegio de A menor 7ma (Am7).

A Minor 7th
(E Shape)

El ejemplo 5f asciende y desciende el arpegio Am7 en la forma E.

Ejemplo 5f – Arpegio Am7

Desciende por el arpegio Am7 desde la nota A aguda, antes de subir de forma secuencial a través de la forma.

Ejemplo 5g – Arpegio Am7 invertido

El ejemplo 5h crea un patrón que omite una nota usando el arpegio Am7 en la forma de E.

Ejemplo 5h – Omite una nota Am7

El ejemplo 5i añade saltos de cuerda a la forma de arpegio Am7.

Ejemplo 5i – Salto de cuerda Am7

Los ejercicios finales con arpegios utilizan la forma del arpegio A de 7ma dominante (A7).

A Dominant 7th
(E Shape)

El ejemplo 5j asciende y desciende por el arpegio A7 en la forma E.

Ejemplo 5j – Arpegio A7

Al iniciar en la nota A aguda, el ejemplo 5k crea una secuencia útil del arpegio A7.

Ejemplo 5k – Arpegio A7 invertido

Usar los patrones de "omitir una nota" te ayuda a evadir los arpegios rutinarios.

Ejemplo 5l – Omitir una nota en A7

El último ejercicio de arpegios de este capítulo utiliza saltos de cuerda para añadirle emoción al arpegio A de 7ma dominante.

Ejemplo 5m – Salto de cuerdas en A7

Acordes

Las formas de acordes a cuatro dedos son siempre un reto y son una excelente adición en cualquier entrenamiento de gimnasia para dedos.

Este ejemplo muestra un cambio de acordes de AMaj7 a AMaj9, que requiere que cada dedo se mueva independientemente. Esta secuencia de acordes es muy común en el jazz y en la música latina, lo que lo convierte en un calentamiento práctico, y un fragmento de ritmo útil.

Ejemplo 5n – Amaj7 a Amaj9

El ejemplo 5o usa una secuencia de acordes de DMaj7 a DMaj9 con las fundamentales en la cuerda A. En este ejemplo, tu primer dedo tocará la fundamental de D en el acorde DMaj7, pero necesitarás cambiarlo al segundo dedo al tocar el acorde DMaj9.

Ejemplo 5o – DMaj7 a DMaj9

El ejemplo 5p usa otro cambio de acordes de cuatro dedos, esta vez de Dm7 a Dm9.

Ejemplo 5p – Dm7 a Dm9

El último cambio de acordes de cuatro dedos es un cambio de D7 a D9 con las fundamentales situadas en la cuerda A.

Las secuencias de acordes de cuatro dedos mostradas a lo largo de este capítulo no solo proporcionarán una herramienta de entrenamiento eficaz, sino que también pueden actuar como licks de ritmo útiles.

Ejemplo 5q – D7 a D9

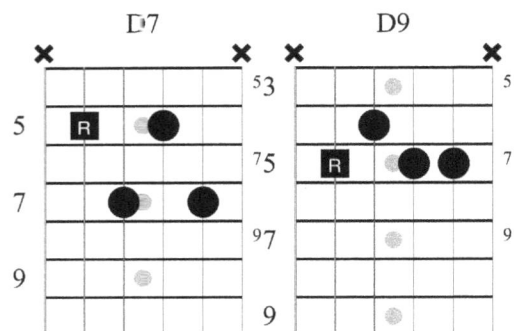

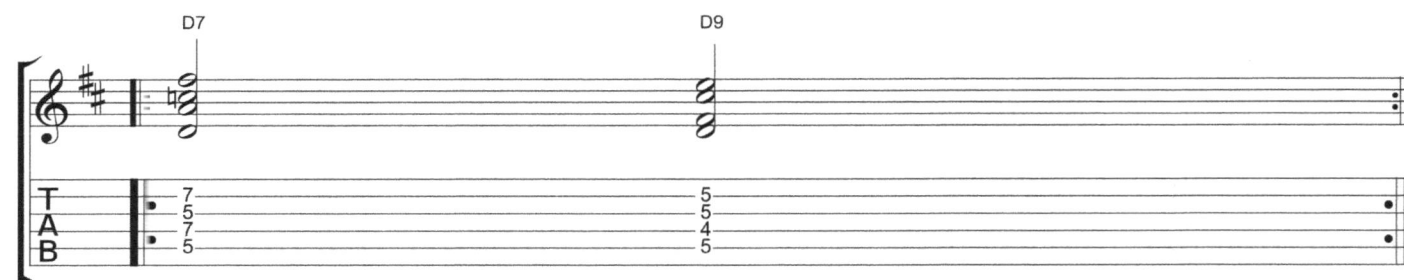

Conclusión sobre arpegios y acordes

Las escalas, los arpegios y los acordes proporcionan la base musical para tocar la guitarra. Al desarrollar ejercicios para los dedos con base en estos principios musicales comunes, puedes mejorar la destreza, la coordinación, la resistencia y la fuerza en un contexto melódico. Al igual que con los demás ejercicios de este libro, puedes trabajar todo el capítulo completo o practicar un ejercicio individual hasta que te sientas cómodo con él. Por ejemplo, yo utilizo el ejemplo 5n diariamente como parte de mi rutina de calentamiento de mi gimnasio para dedos.

Cuando completes los ejemplos mostrados en este capítulo, te insto a que los toques en tantas tonalidades como puedas.

Capítulo 6 – El entrenador diestro

He escrito una pequeña pieza musical que incluye los principales temas cubiertos a lo largo de este libro. El entrenador diestro tiene un sonido neoclásico y mejorará la destreza, la coordinación y la resistencia. La pieza está construida con base en la escala de A menor armónica (A B C D E F G#) y el diagrama del diapasón completo para esta escala se muestra a continuación.

Te recomiendo usar punteo alternante estricto a lo largo de esta pieza, pero si quieres un desafío adicional, puedes agregar hammer-ons y pull-offs a cada patrón de cuatro notas cuando hayas aprendido la pieza completa.

La digitación que utilizo para la pista está escrita encima de las notas. Siguiendo el patrón de digitación sugerido, te asegurarás de que cada dedo se desarrolle por igual. Finaliza cada entrenamiento tocando El entrenador diestro.

Antes de intentar tocar El entrenador diestro, escucha el audio por lo menos tres veces y luego utiliza la versión lenta para ayudarte a imitar cada compás individualmente. De esta manera, capturarás todos los matices y dominarás con destreza el fraseo correcto.

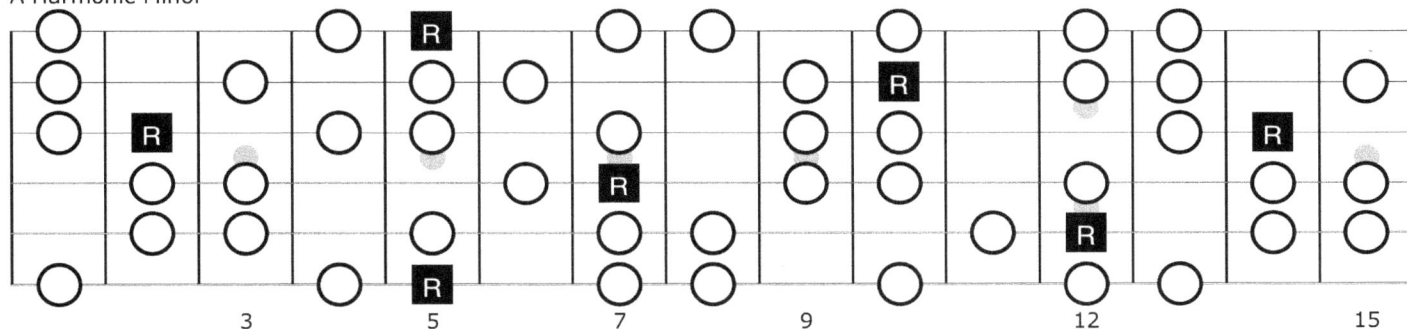

Ejemplo 6a – El entrenador diestro

Cuando hayas logrado dominar esta pieza, aprende las siguientes secciones de diferentes canciones y agrégalas al final de tus entrenamientos para los dedos. Estas harán el proceso de dominar tu técnica de guitarra mucho más agradable, pues siempre trabajarás hacia una conclusión musical entretenida.

AC/DC – Thunderstruck (Intro riff)

Ozzy Osbourne – Crazy Train (Intro riff)

Red Hot Chili Peppers – Snow (Riff principal)

The Killers – Mr Brightside (Riff principal)

Fleetwood Mac – Oh Well (Riff principal)

Rodrigo Y Gabriela – Hanuman

Jack Johnson – Belle

John Mayer – Queen Of California (Riff principal con acordes)

The Beatles – Day Tripper (Riff principal)

Capítulo 7 - Construyendo el entrenamiento perfecto

El entrenamiento perfecto de gimnasio para dedos en la guitarra es aquel que se adapta a tus necesidades, intereses y capacidades individuales. He creado para ti unas sugerencias de entrenamientos de diez minutos, quince minutos, treinta minutos y una hora que se muestran a continuación. Estos ejercicios son una guía y se pueden personalizar de cualquier manera que desees. Cada entrenamiento comienza con el ejemplo 1c y termina con El entrenador diestro.

¡Utiliza un metrónomo y un temporizador para cada entrenamiento!

Ejemplo de entrenamiento de 10 minutos

Número del ejemplo	Número de repeticiones	Velocidad del metrónomo	Tiempo total
1c	Constante por el tiempo total	60bpm (aumentar a diario)	1 Minuto
1d	Constante por el tiempo total	60bpm (aumentar a diario)	1 Minuto
1k	Constante por el tiempo total	60bpm (aumentar a diario)	1 Minuto
2g	Constante por el tiempo total	60bpm (aumentar a diario)	1 Minuto
2n	Constante por el tiempo total	60bpm (aumentar a diario)	1 Minuto
3o	Constante por el tiempo total	60bpm (aumentar a diario)	1 Minuto
4a	Constante por el tiempo total	60bpm (aumentar a diario)	1 Minuto
5h	Constante por el tiempo total	60bpm (aumentar a diario)	1 Minuto
6a	Constante por el tiempo total	60bpm (aumentar a diario)	2 Minutos
			10 Minutos

Ejemplo de entrenamiento de 15 minutos

Número del ejemplo	Número de repeticiones	Velocidad del metrónomo	Tiempo total
1c	Constante por el tiempo total	60bpm (aumentar a diario)	1 Minuto
1e	Constante por el tiempo total	60bpm (aumentar a diario)	1 Minuto
1h	Constante por el tiempo total	60bpm (aumentar a diario)	1 Minuto
2o	Constante por el tiempo total	60bpm (aumentar a diario)	1 Minuto
2p	Constante por el tiempo total	60bpm (aumentar a diario)	1 Minuto

Número del ejemplo	Número de repeticiones	Velocidad del metrónomo	Tiempo total
2q	Constante por el tiempo total	60bpm (aumentar a diario)	1 Minuto
3b	Constante por el tiempo total	60bpm (aumentar a diario)	1 Minuto
3h	Constante por el tiempo total	60bpm (aumentar a diario)	1 Minuto
4f	Constante por el tiempo total	60bpm (aumentar a diario)	1 Minuto
5l	Constante por el tiempo total	60bpm (aumentar a diario)	1 Minuto
6a	Constante por el tiempo total	60bpm (aumentar a diario)	5 Minutos
			15 Minutos

Ejemplo de entrenamiento de 30 minutos

Ahora vas a pasar más tiempo en cada ejemplo, dándote más tiempo para practicar cualquier patrón o secuencia que sea difícil para ti.

Número del ejemplo	Número de repeticiones	Velocidad del metrónomo	Tiempo total
1c	Constante por el tiempo total	60bpm (aumentar a diario)	2 Minutos
1f	Constante por el tiempo total	60bpm (aumentar a diario)	2 Minutos
1g	Constante por el tiempo total	60bpm (aumentar a diario)	2 Minutos
1j	Constante por el tiempo total	60bpm (aumentar a diario)	2 Minutos
2g	Constante por el tiempo total	60bpm (aumentar a diario)	2 Minutos
2n	Constante por el tiempo total	60bpm (aumentar a diario)	2 Minutos
3m	Constante por el tiempo total	60bpm (aumentar a diario)	2 Minutos
3n	Constante por el tiempo total	60bpm (aumentar a diario)	2 Minutos
4g	Constante por el tiempo total	60bpm (aumentar a diario)	2 Minutos
5h	Constante por el tiempo total	60bpm (aumentar a diario)	2 Minutos
5n	Constante por el tiempo total	60bpm (aumentar a diario)	2 Minutos
6a	Constante por el tiempo total	60bpm (aumentar a diario)	8 Minutos
			30 Minutos

Ejemplo de entrenamiento de 60 minutos

Número del ejemplo	Número de repeticiones	Velocidad del metrónomo	Tiempo total
1c	Constante por el tiempo total	60bpm (aumentar a diario)	3 Minutos
1d	Constante por el tiempo total	60bpm (aumentar a diario)	3 Minutos
1e	Constante por el tiempo total	60bpm (aumentar a diario)	3 Minutos
1j	Constante por el tiempo total	60bpm (aumentar a diario)	3 Minutos
1k	Constante por el tiempo total	60bpm (aumentar a diario)	3 Minutos
2g	Constante por el tiempo total	60bpm (aumentar a diario)	3 Minutos
2n	Constante por el tiempo total	60bpm (aumentar a diario)	3 Minutos
3h	Constante por el tiempo total	60bpm (aumentar a diario)	3 Minutos
3p	Constante por el tiempo total	60bpm (aumentar a diario)	3 Minutos
4c	Constante por el tiempo total	60bpm (aumentar a diario)	3 Minutos
4d	Constante por el tiempo total	60bpm (aumentar a diario)	3 Minutos
4j	Constante por el tiempo total	60bpm (aumentar a diario)	3 Minutos
5e	Constante por el tiempo total	60bpm (aumentar a diario)	3 Minutos
5i	Constante por el tiempo total	60bpm (aumentar a diario)	3 Minutos
5m	Constante por el tiempo total	60bpm (aumentar a diario)	3 Minutos
6a	Constante por el tiempo total	60bpm (aumentar a diario)	15 Minutos
			60 Minutos

Estudio adicional

Este mini libro "FundEssential" tiene una perspectiva que se enfoca en cómo desarrollar la fuerza, la resistencia y la coordinación en todos tus dedos, pero también publicamos muchas guías más extensas para tocar la guitarra. Cada libro tiene más de 100 páginas e incluye cientos de ejemplos de audio que puedes descargar gratis.

Hemos vendido más de 120,000 libros en Amazon y son los libros de guitarra más populares y con las calificaciones más altas que hay disponibles. A continuación verás una selección de nuestros títulos más populares. Haz clic en las imágenes para obtener más información o visita

www.fundamental-changes.com/book para obtener más información y más de *250 lecciones y recursos gratuitos.*

Mi pasión en la vida es enseñar a la gente a tocar y expresarse a través de la guitarra. Si tienes alguna pregunta, contáctanos y haré todo lo posible para responder lo antes posible.

Puedes contactarme en simeypratt@gmail.com o a través del canal de YouTube de Fundamental Changes.

Apéndice – Formas comunes de arpegios y de escalas

Anteriormente en este libro hice referencia a escalas y arpegios adicionales. El siguiente apéndice incluye algunas de las formas de escala y arpegios más comunes que puedes usar en tus futuros entrenamientos del gimnasio para dedos. En todas las siguientes escalas y arpegios la fundamental es C.

Estas escalas están ordenadas según mi preferencia de enseñanza, sin embargo, puedes aprenderlas en cualquier orden que quieras. Puedes aplicar cualquiera de los patrones y secuencias vistos a lo largo de este libro a cualquiera de estas formas de escala y de arpegios.

Formas comunes de escalas

C menor pentatónica – 'C Eb F G Bb' (1 b3 4 5 b7) – Úsala con C menor.

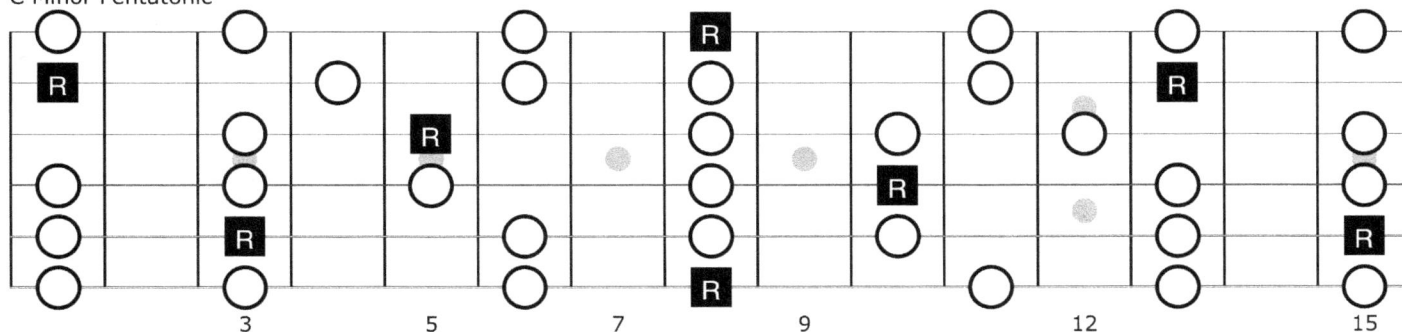

C Blues – 'C Eb F Gb G Bb' (1 b3 4 b5 5 b7) – Úsala con C menor o C7.

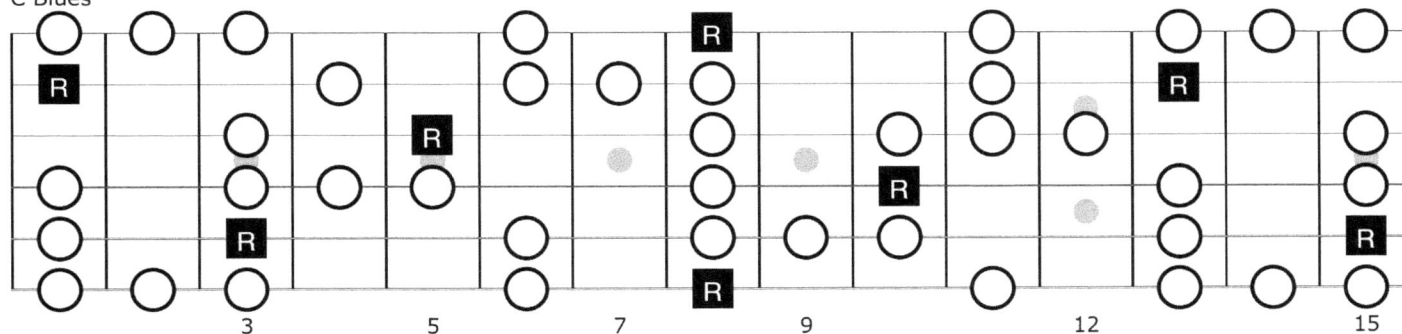

C mayor pentatónica – 'C D E G A' (1 2 3 5 6) – Úsala con C mayor.

C Major Pentatonic

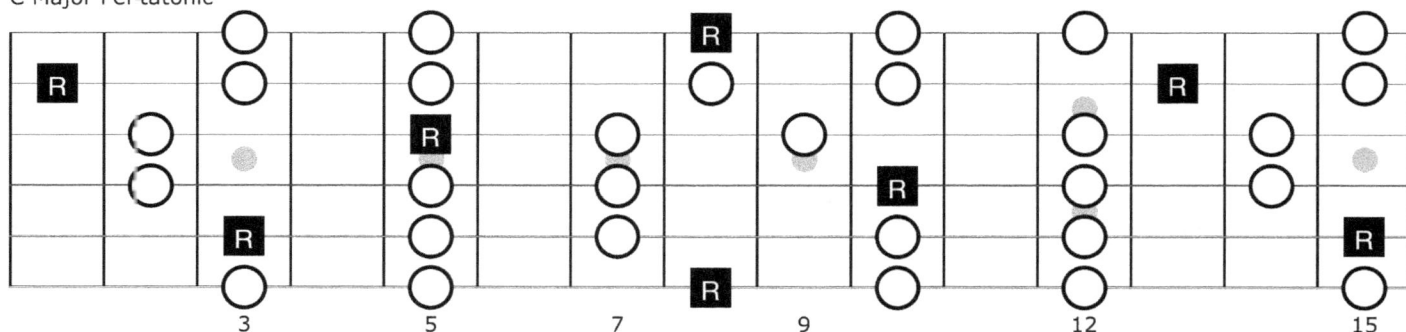

Escala de C mayor– 'C D E F G A B' (1 2 3 4 5 6 7) – Úsala con C mayor.

C Major Scale

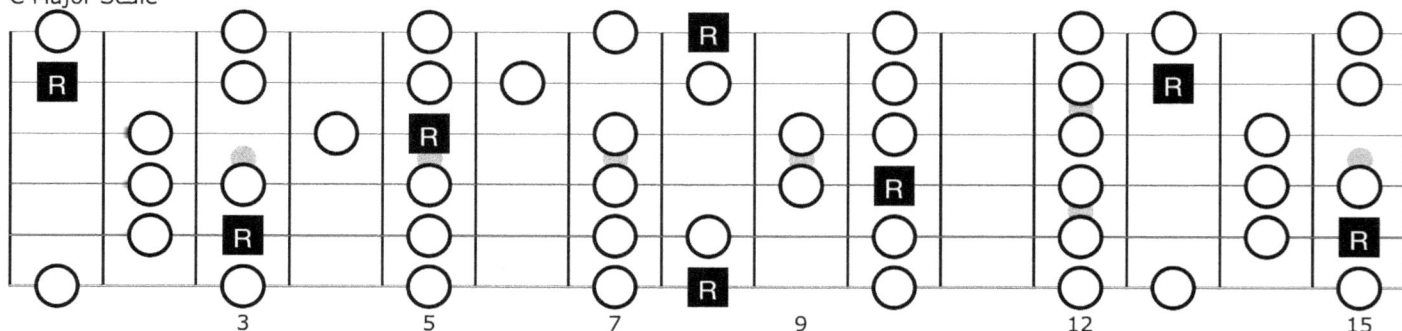

Escala de C menor natural (Eólica)– 'C D Eb F G Ab Bb' (1 2 b3 4 5 b6 b7) – Úsala con C menor.

C Natural Minor (Aeolian)

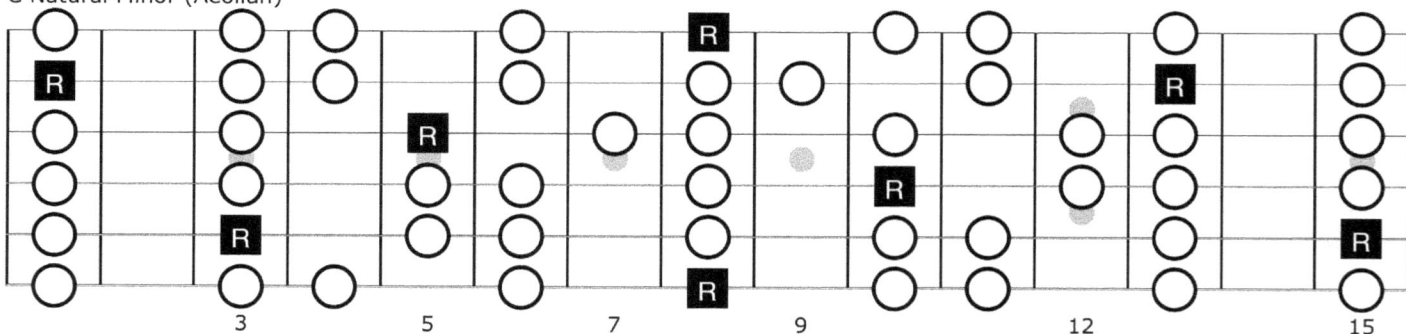

Escala de C mixolidia– 'C D E F G A Bb' (1 2 3 4 5 6 b7) – Úsala con C7.

C Mixolydian

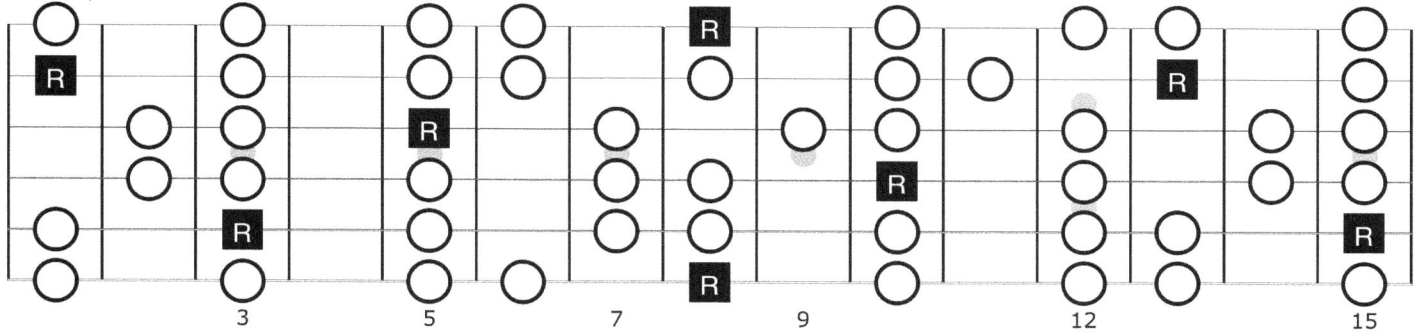

Escala de C dórica– 'C D Eb F G A Bb' (1 2 b3 4 5 6 b7) – Úsala con C menor.

C Dorian

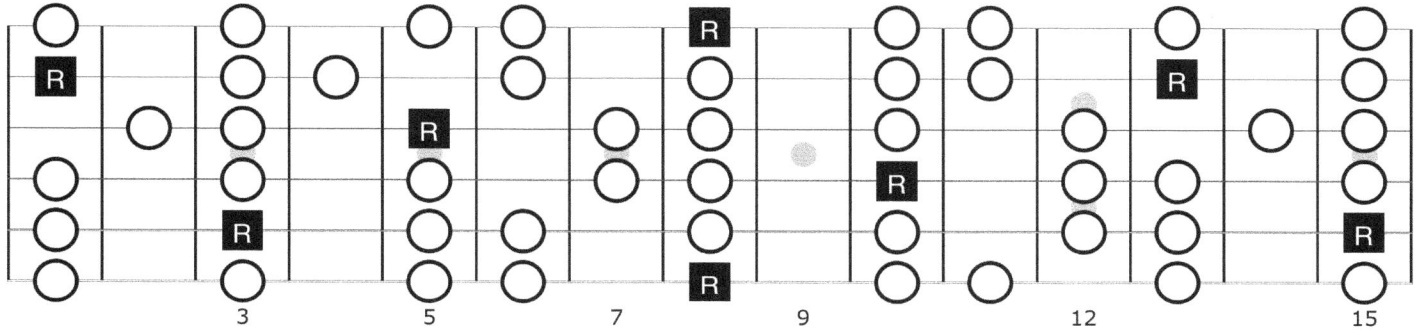

Escala de C Lidia– 'C D E F# G A B' (1 2 3 #4 5 6 7) – Úsala con Cmaj7#11.

C Lydian

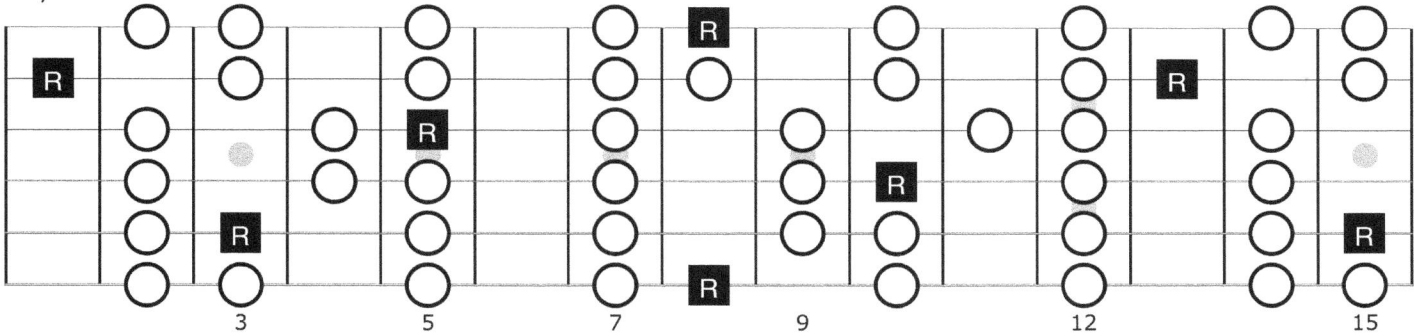

Escala de C Frigia– 'C Db Eb F G Ab Bb' (1 b2 b3 4 5 b6 b7) – Úsala con C menor.

C Phrygian

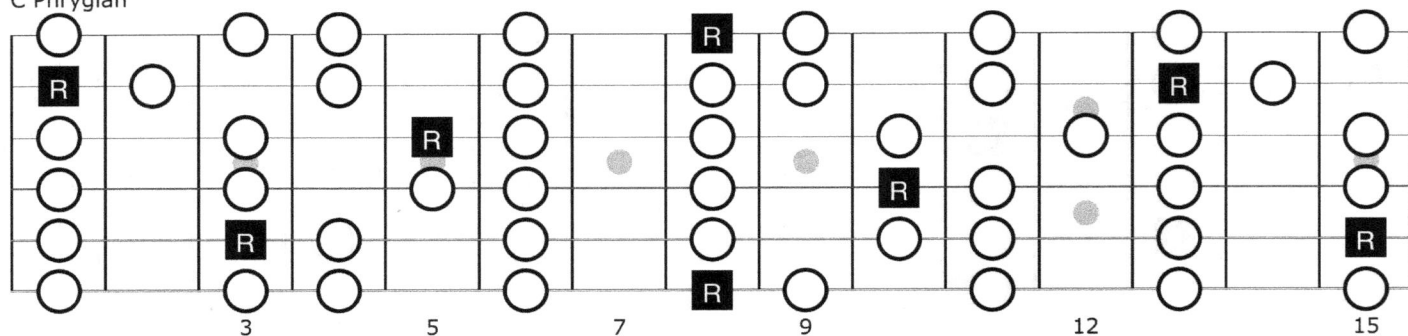

Escala de C Locria– 'C Db Eb F Gb Ab Bb' (1 b2 b3 4 b5 b6 b7) – Úsala con C menor.

C Locrian

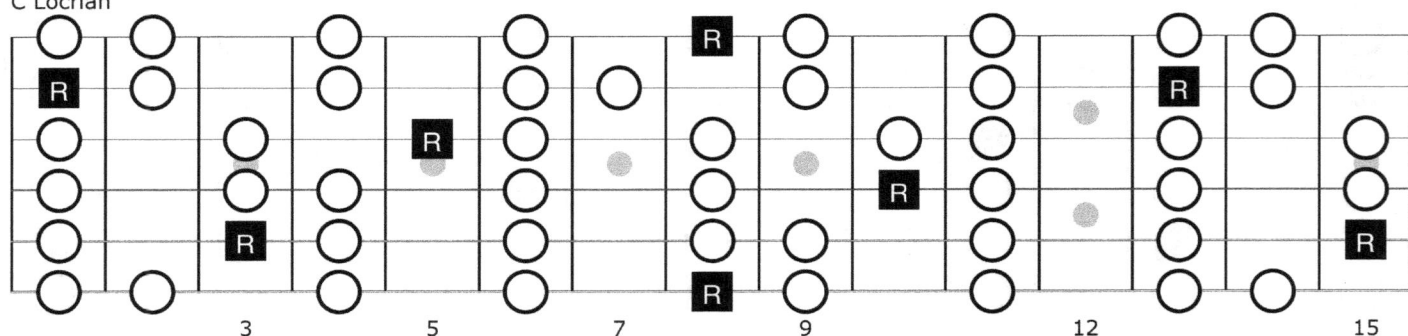

Escala de C menor armónica – 'C D Eb F G Ab B' (1 2 b3 4 5 b6 7) – Úsala con C menor.

C Harmonic Minor

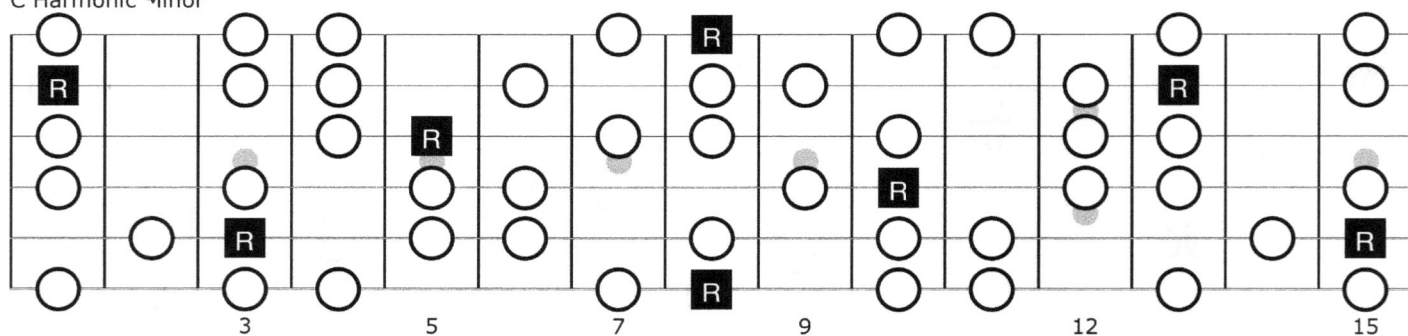

Escala de C menor melódica – 'C D Eb F G A B' (1 2 b3 4 5 6 7) – Úsala con CmMaj7.

C Melodic Minor

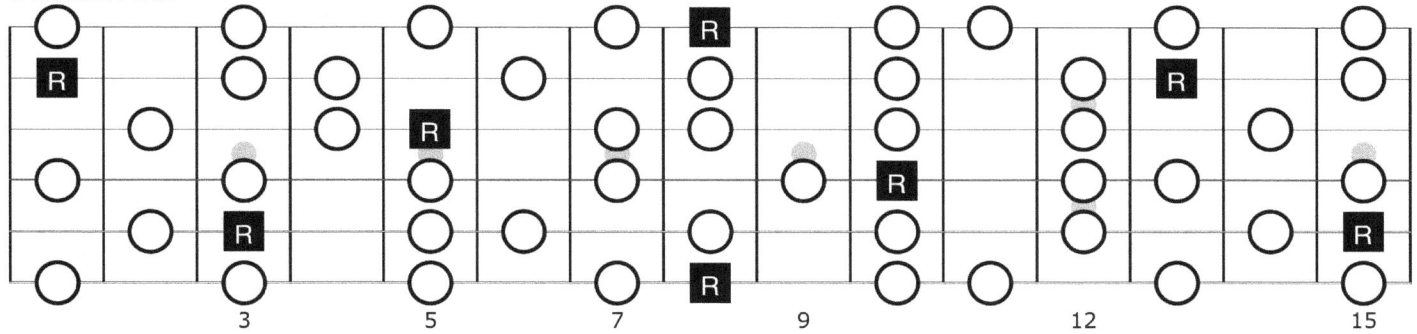

Escala de C Alterada (Superlocria) 'C Db Eb E Gb Ab Bb' (1 b2 b3 bb4 b5 b6 b7) – Úsala con acordes dominantes alterados (7b5, 7#5, 7b9, 7#9 etc).

C Altered (Superlocrian)

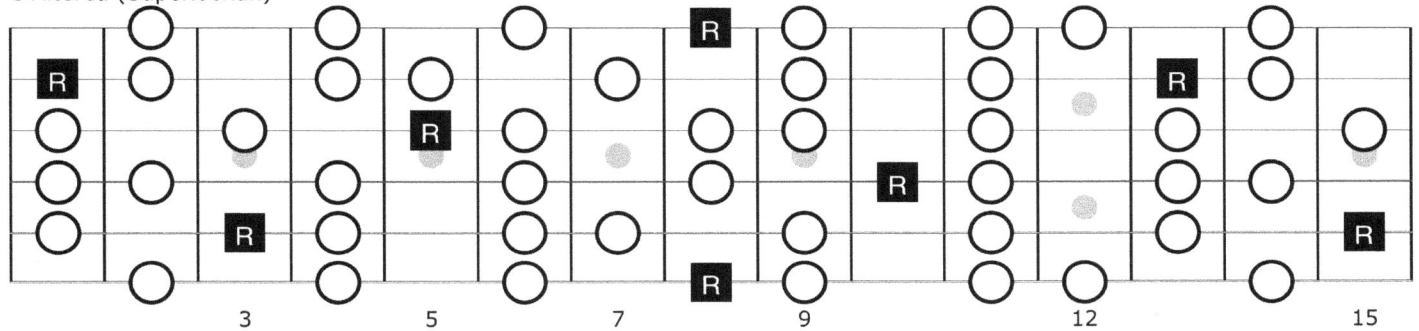

Escala de C frigia dominante - 'C Db E F G Ab Bb' (1 b2 3 4 5 b6 b7) – Úsala con C menor.

C Phrygian Dominant

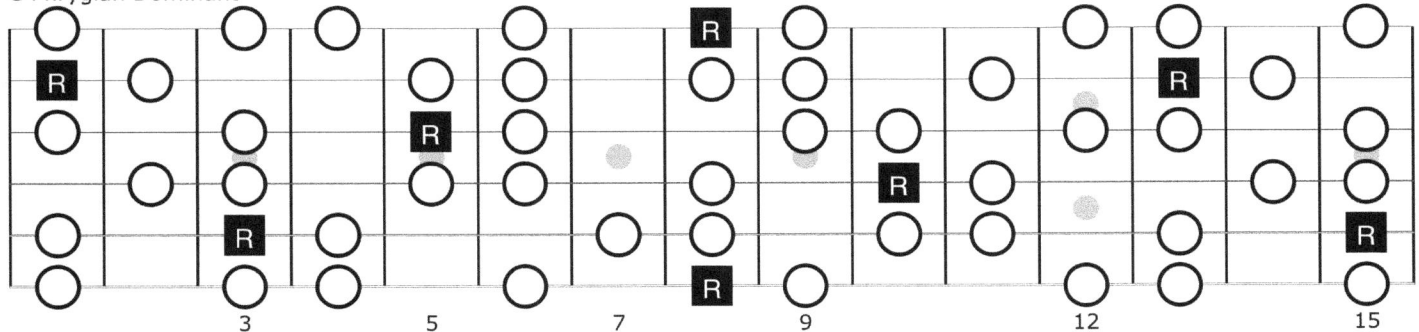

Escala de C lidia dominante– 'C D E F# G A Bb' (1 2 3 #4 5 6 b7) – Úsala con acordes 7#11.

C Lydian Dominant

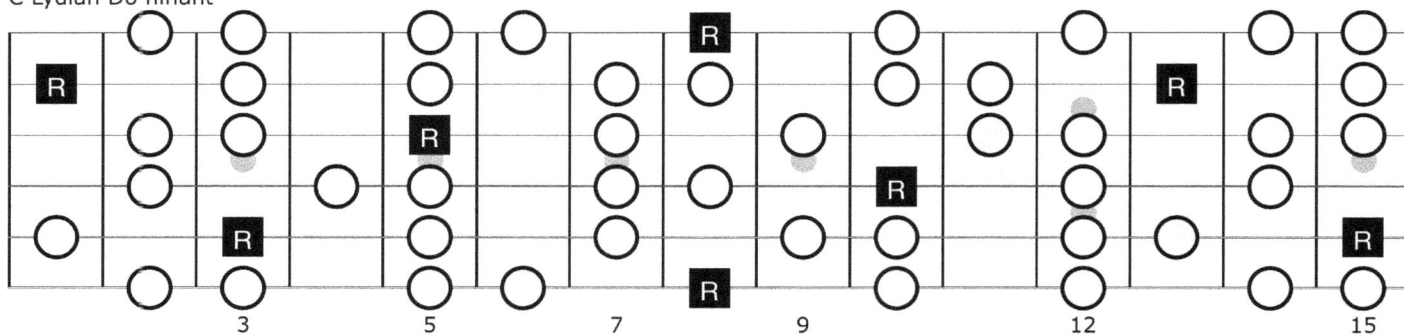

Escala de C simétrica disminuida– 'C Db D# E F# G A Bb' (1 b2 #2 3 #4 5 6 b7) – Úsala con acordes 13b9.

C Diminished (Half Whole)

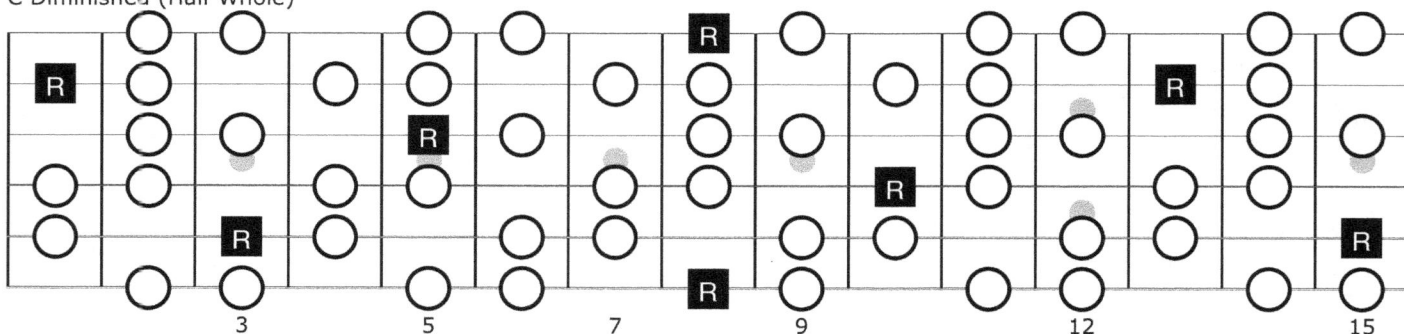

Escala de C de tonos enteros– ' C D Eb F Gb G# A B' (1 2 b3 4 b5 #5 6 7) – Úsala con acordes dim7 y 7b9.

C Whole Tone

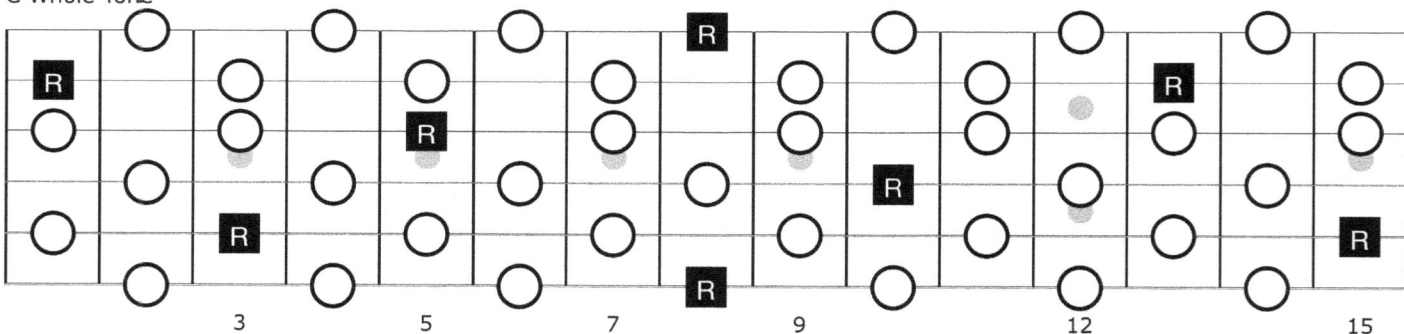

Formas comunes de tríadas y arpegios

También he incluido algunos arpegios comunes para que los incorpores en tus entrenamientos del gimnasio para dedos con los patrones y las secuencias vistas a lo largo del libro. He incluido las cinco formas CAGED y un diagrama de diapasón completo para cada forma de arpegio. Para más información sobre el sistema CAGED, consulta mi libro Solos pentatónicos exóticos para guitarra.

Arpegio con tríada en C mayor – 'C E G' (1 3 5) – Úsala con acordes de C mayor.

C Major Triad
(E Shape)

C Major Triad
(D Shape)

C Major Triad
(C Shape)

C Major Triad (A
Shape)

C Major Triad
(G Shape)

C Major Triad Arpeggio

Arpegio con tríada en C menor – 'C Eb G' (1 b3 5) – Úsala con acordes de C menor.

C Minor Triad
(E Shape)

C Minor Triad
(D Shape)

C Minor Triad
(C Shape)

C Minor Triad
(A Shape)

C Minor Triad
(G Shape)

C Minor Triad Arpeggio

Arpegio con tríada en C disminuido – 'C Eb Gb' (1 b3 b5) – Úsala con acordes disminuidos.

C Diminished Triad
(E Shape)

C Diminished Triad
(D Shape)

C Diminished Triad
(C Shape)

C Diminished Triad
(A Shape)

C Diminished Triad
(G Shape)

C Diminished Triad Arpeggio

Arpegio con tríada en C aumentado – 'C E G#' (1 3 #5) – Úsala con acordes aumentados.

C Augmented Triad
(E Shape)

C Augmented Triad
(D Shape)

C Augmented Triad
(C Shape)

C Augmented Triad
(A Shape)

C Augmented Triad
(G Shape)

C Augmented Triad Arpeggio

Arpegio en C mayor 7ma– 'C E G B' (1 3 5 7) – Úsala con acordes de C mayor 7ma

C Major 7th (E Shape)   C Major 7th (D Shape)   C Major 7th (C Shape)   C Major 7th (A Shape)   C Major 7th (G Shape)

C Major 7th Arpeggio

Arpegio en C menor 7ma - 'C Eb G Bb' (1 b3 5 b7) – Úsalo con acordes de C menor 7ma

C Minor 7th (E Shape)   C Minor 7th (D Shape)   C Minor 7th (C Shape)   C Minor 7th (A Shape)   C Minor 7th (G Shape)

C Minor 7th Arpeggio

Arpegio en C de 7ma dominante - 'C E G Bb' (1 3 5 b7) – Úsalo con acordes de C de 7ma dominante

C Dominant 7th (E Shape)

C Dominant 7th (D Shape)

C Dominant 7th (C Shape)

C Dominant 7th (A Shape)

C Dominant 7th (G Shape)

C Dominant 7th Arpeggio

Arpegio en C menor 7b5 - 'C Eb Gb Bb' (R b3 b5 b7) – Úsalo con acordes de C menor 7b5

C Minor 7 b5 (E Shape)

C Minor 7 b5 (D Shape)

C Minor 7 b5 (C Shape)

C Minor 7 b5 (A Shape)

C Minor 7 b5 (G Shape)

C Minor 7 b5 Arpeggio

Otros libros del mismo autor

Guía completa para tocar guitarra blues – Libro 1: Guitarra rítmica

Guía completa para tocar guitarra blues – Libro 2: Fraseo melódico

Guía completa para tocar guitarra blues – Libro 3: Más allá de las pentatónicas

Guía completa para tocar guitarra blues – Compilación

El sistema CAGED y 100 licks para guitarra blues

Cambios fundamentales en guitarra jazz: ii V I mayor

Dominio del ii V menor para guitarra jazz

Solos de jazz blues para guitarra

Escalas de guitarra en contexto

Acordes de guitarra en contexto – Parte 1

Dominio de los acordes en guitarra jazz (Acordes de guitarra en contexto – Parte 2)

Técnica completa para guitarra moderna

Dominio de la guitarra funk

Teoría, técnica y escalas – Compilación completa para guitarra

Dominio de la lectura a primera vista para guitarra

El sistema CAGED y 100 licks para guitarra rock

Guía práctica de la teoría musical moderna para guitarristas

Lecciones de guitarra para principiantes: Guía esencial

Solos en tonos de acorde para guitarra jazz

Guitarra rítmica en el heavy metal

Guitarra líder en el heavy metal

Solos pentatónicos exóticos para guitarra

Continuidad armónica en guitarra jazz

Solos en jazz – Compilación completa

Compilación de acordes para guitarra jazz

Fingerstyle en la guitarra blues

Solos en rock melódico para guitarra

Pop y rock para ukulele: Rasgueo